健身私人教练系列

游泳
私人教练
120 课

健身私人教练编写组　编

化学工业出版社
·北京·

游泳不仅是一种广受喜爱的运动项目，还是一种健康生活方式的表达。除了美体、塑形等能够明显改善身体形态的作用外，游泳还可以提高人体的心肺功能，改善血液循环，增强体质，提升抵抗力，预防高血压等慢性疾病。

《游泳私人教练120课》通过游泳前的准备，泳姿技术学习，出发、转身和救援三个部分的详细介绍，对初学者进行入门指导的同时，还为有一定基础的游泳爱好者提升运动技能进行了点拨。

《游泳私人教练120课》想与你分享的是：

- 按照从易到难认知规律学习各种泳姿的练习方法。
- 小到戴泳帽大到溺水救援的实用游泳常识。
- 自学游泳时常犯的错误和纠正方法。

图书在版编目（CIP）数据

游泳私人教练120课／健身私人教练编写组编.
北京：化学工业出版社，2015.7（2023.4重印）
（健身私人教练系列）
ISBN 978-7-122-24048-4

Ⅰ.①游… Ⅱ.①健… Ⅲ.①游泳-基本知识
Ⅳ.①G861.1

中国版本图书馆CIP数据核字（2015）第106301号

责任编辑：宋　薇　　　　　　　　　　装帧设计：张　辉
责任校对：王素芹

出版发行：化学工业出版社（北京市东城区青年湖南街13号　　邮政编码 100011）
印　　装：涿州市般润文化传播有限公司
850mm×1168mm　1/32　印张 5¾　字数 162千字　　2023年4月北京第1版第7次印刷

购书咨询：010-64518888　　　　　　售后服务：010-64518899
网　　址：http://www.cip.com.cn
凡购买本书，如有缺损质量问题，本社销售中心负责调换。

定　　价：39.80元

目 录
CONTENTS

第一部分

游泳前的准备

第1章
热身运动

热身运动很重要

　　游泳是在比人体体温低的水中进行的，所以需要在下水前认真做好热身运动，以防抽筋、溺水、肌肉损伤等事故的发生。下水前的陆上热身运动可做徒手操、慢跑、压腿、压肩及各关节韧带的拉伸运动等，既要有一定的量（即周身活动到），又不可过于激烈，让身体发热或微微出汗即可，一般的活动顺序为从头到脚，尽量将身体各个部位都活动到位。

第1节　整体热身

1. 弓步伸展

　　左腿屈膝，右腿向身体后方蹬直，双臂头顶上方上举，成弓步姿态伸展。

　　身体姿态平衡时，保持3~5个呼吸。

　　左右交替进行，每侧练习3~5次。

2. 靠墙降低重心

双脚开立，后背靠墙，双臂屈肘。

身体重心逐步下降，尽量做到大腿与地面平行，极限位置保持
3~5 个呼吸。

重复练习 3~5 次。

3. 俯身扬手臂

双脚开立约两倍肩宽，上身下俯，双臂与肩同宽下垂。

上身左转，同时左臂上扬，头看向左手方向，极限位置保持 3~5 个呼吸。

左右交替进行，每侧练习 3~5 次。

4. 弓步扬手臂转体

成弓步姿态,双臂头顶方向上举,上身左转,极限位置保持 3~5 个呼吸。

左右交替进行,每侧练习 3~5 次。

身体柔韧性提升后,可以加大动作幅度。

5. 蹲跳起

身体从直立姿态下蹲，双臂撑地，双腿后跳伸直，双腿蹬地跳回，再从下蹲转为直立姿态。

练习3~5次。

6. 整体拉伸

左腿屈膝，右腿向身体后方尽力蹬直，双手撑地。
尽量将身体拉长，极限位置保持 3~5 个呼吸。
左右交替进行，每侧练习 3~5 次。

7. 单脚支撑

左腿直立，右腿悬空，双臂身体前方平举。
身体姿态稳定后保持 3~5 个呼吸。
左右交替进行，每侧练习 3~5 次。

第2节 局部热身

1. 抬头和低头

双腿开立，头慢慢底下，至极限位置保持 3~5 个呼吸；
再慢慢仰头，至极限位置保持 3~5 个呼吸。
头低 1 次再抬起 1 次为 1 组，练习 3~5 组。

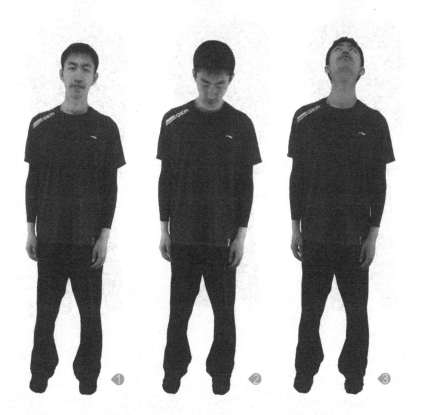

2. 左右倒头

双腿开立，头慢慢向左倾倒，至极限位置保持 3~5 个呼吸；
再慢慢向右倾倒，至极限位置保持 3~5 个呼吸。
头左倒 1 次再右倒 1 次为 1 组，练习 3~5 组。

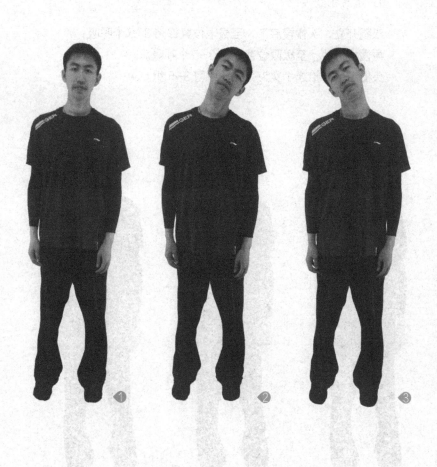

3. 侧向转头

双腿开立，头慢慢左转，至极限位置保持 3~5 个呼吸；
再慢慢右转，至极限位置保持 3~5 个呼吸。
头左转 1 次再右转 1 次为 1 组，练习 3~5 组。

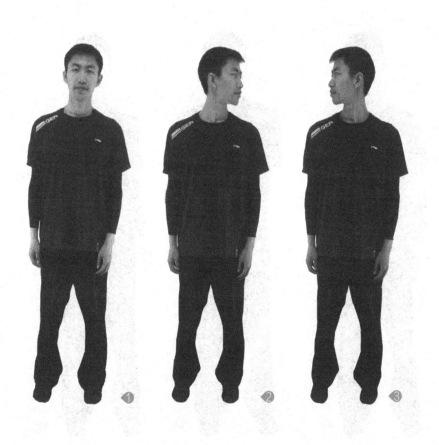

4. 含胸和展肩

双腿开立，两肩向内收夹，至极限位置保持 3~5 个呼吸；两肩再外展，至极限位置保持 3~5 个呼吸。

两肩收夹再外展为 1 组，练习 3~5 组。

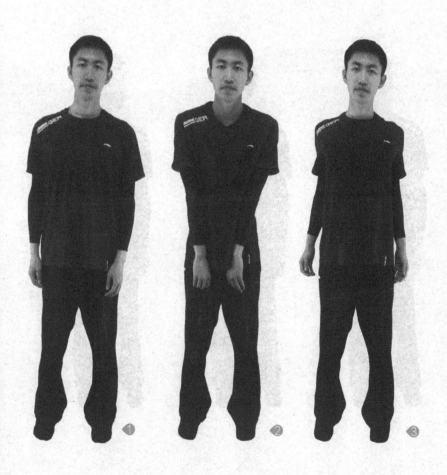

5. 肩部伸展

双腿开立，双臂头顶上方伸直，手指分开。

慢慢抬头，目视天空方向，伸展双臂，极限位置保持 3~5 个呼吸，再慢慢恢复到初始姿态。

重复练习 3~5 次。

6. 小腿平举

身体直立，左腿屈膝抬起，尽量做到小腿与地面平行，右手辅助抓住左脚。身体姿态平衡时保持 3~5 个呼吸。

左右交替进行，每侧练习 3~5 次。

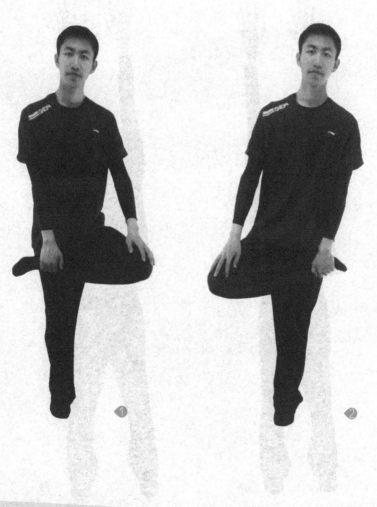

7. 屈膝环抱

　　身体直立，左腿屈膝提起，尽量做到大腿与地面平行，双手辅助抓住膝关节。身体姿态平衡时保持 3~5 个呼吸。

　　左右交替进行，每侧练习 3~5 次。

8. 侧压腿

下蹲，屈右膝伸直左腿，成压腿姿势，身体平衡状态下保持3~5个呼吸。

左右交替进行，每侧练习3~5次。

第3节　熟悉水性练习

准备课

　　熟悉水性主要是体会和了解水的特性，逐步适应水的环境，消除怕水心理，培养对水的兴趣并掌握游泳中的一些最基本的动作。在熟悉水性练习时，应尽量选择齐腰深的水池，参考熟悉水性练习步骤和方法进行。

1. 水中行走

- 扶池边向前、向后、向两侧行走。
- 用两手保持平衡，向前、向后、向两侧行走。
- 在水中向各个方向跑动。
- 向上、向前、向后、向两侧跳。

2. 呼吸练习

- 在水面上用口深吸一口气，在水中用口、鼻均匀地慢慢呼气。

　　这项练习是学会游泳呼吸的基本方法，可以锻炼初学者把头浸入水中的勇气，可以帮助消除怕水心理。

- 手扶泳池边，用口吸气后闭气，下蹲把头全部浸入水中，在水中停留片刻后起立，在水面换气，口鼻出水后，先呼后吸。

　　随着练习次数的增多，水中闭气时间也由短到长。

● 脸或头部浸入水中后，在水中用口或鼻缓慢均匀地呼气，但不要把气呼尽，边呼气边抬头，当口露出水面时用力将气呼完。

　　这样练习可以将头部流到口边的水吹开，避免吸气时将水吸入口中，引起喝水或呛水。

● 每呼吸一口气为一次练习，由 5~10 次逐渐增加到 20~50 次。呼吸时要求呼气要慢而均匀，吸气要快而深，呼与吸之间要有短暂的闭气。

　　在口刚要出水面时，快速用力把气吐完，紧接着张口深吸气。练习的关键是把握好吸气时机。要反复练习，直到熟练掌握。

3. 浮体与站立练习

● 俯卧变站立：两臂前伸，手掌和双臂向下压水并抬头，同时两腿收向腹部前收，再向下伸腿，上体直立，两腿踩住池底站稳，两臂于体侧在水中压水保持平衡。

　　对于初学者或怕水的人来说，可以一手扶池边身体俯卧，另一手下压做恢复直立动作；也可以利用泳道线练习。

● 抱膝浮体：原地站立，深吸气后，下蹲低头抱膝，双膝尽量靠近胸部，前脚掌蹬池底，成低头抱膝团身姿势，使背部漂浮于水面，待闭气漂浮一段时间后，恢复站立姿势。

● 身体浮体：两脚开立，两臂放松向前伸出，深吸气后身体前倾前低头，两脚轻轻蹬离池底，成俯卧姿势漂浮水中，两腿、两臂自然伸直。先抱膝团身浮体平衡再前伸臂后伸腿，使身体漂浮于水面也可。

　　体会水中的浮力，初步学会在水中维持平衡的能力和水中站立的方法，进一步消除怕水心理。

4. 滑行练习

● 蹬池底滑行：两脚前后开立，两臂并拢前伸，深吸气时体前屈前倾，当头和肩浸入水中时，前脚掌用力蹬池底，随后两腿并拢，使身体成流线形向前滑行。

● 蹬边滑行：背向（或侧向）池壁，一手扶泳池边，另一侧手臂前伸。同时一脚站立，另一脚蹬池壁。深吸一口气，低头提臀，支撑腿向上收起，两脚贴住池壁，随即放开扶着泳池边的手，并前伸与另一前伸手臂并拢。头夹于两臂之间，两脚用力蹬池壁使身体成流线形向前滑行。

5. 跪压腿

下水之前也可以在泳池边做跪压腿。

第2章
游泳动作练习手形

准备课

　　因为初学者对于动作的把握性不强，收紧的手指会使手臂的肌肉僵直，影响整体动作学习，所以有经验的游泳教练们在指导初学者时都不会过分强调手指并拢。

　　游泳运动员的练习手形是四指并拢。

　　初学者练习时的手形可以是四指稍分开。

第3章
戴泳帽的方法

准备课

　　游泳时戴泳帽是一种基本配备，也是一种基本的礼貌，戴泳帽用于防止耳震和保护头部，防止头发完全浸泡在含氯的水中，可以有效保护头发，减少池水对头发的损伤，同时还可以减少阻力，让游泳速度更快。

　　双手撑圆泳帽，不要用手指直戳泳帽顶部。

　　双手反扣在头顶，顺着耳朵滑下脸颊。

　　戴好后，整理泳帽边缘。

第 4 章
漂浮板的使用方法

准备课

　　练习各种泳姿的腿部姿态时会用到漂浮板，漂浮板可以辅助手臂或者腿部动作练习，对于初学者来讲非常重要。

　　1. 俯卧在水面上时漂浮板的使用方法

　　自由泳、蛙泳、蝶泳的腿部练习时将漂浮板举过头顶。

　　错误动作：手臂没有完全伸展，自由泳或者仰泳腿部练习时会造成腿沉在水中，用力打腿却没有水花。

2. 平躺在水面上时漂浮版的使用方法

初学者练习仰泳的腿部动作或者练习漂浮在水面时可以将漂浮板抱在胸前。

第二部分

泳姿技术学习

第5章
蛙泳技术学习

蛙泳的身体位置

蛙泳游进时身体随着手臂、蹬腿和呼吸动作的不断变化而改变。一次划手一次蹬腿动作结束后，身体保持一定的紧张度，臂腿并拢伸直、头在两臂之间、眼看池底，俯卧水中成较好的流线形，身体与水平呈5°~10°。当手臂内收时，肩部上升，身体与水平面的夹角增大。

第1节 蛙泳腿部动作技术学习

蛙泳腿的动作不仅有保持身体平衡的作用，而且是推进身体前进的主要动力。蛙泳腿部动作可分为收腿、外翻、蹬夹腿和滑行四个部分。

一、蛙泳腿部动作的练习方法

1. 平地蛙泳腿练习

平地坐下腿伸直并拢，两手在身后稳定支撑，练习时做收腿、翻脚、蹬夹腿的练习。

小贴士　　此练习可直观地建立起正确的技术动作概念。

2. 泳池边蛙泳腿练习

坐在池边台上做蹬夹腿练习，由于腿悬空，更能准确感受蹬腿的技术要领。

3. 水中蛙泳腿练习

垫上动作熟练后升级至趴在泳池边，双腿在水中体会练习要领。

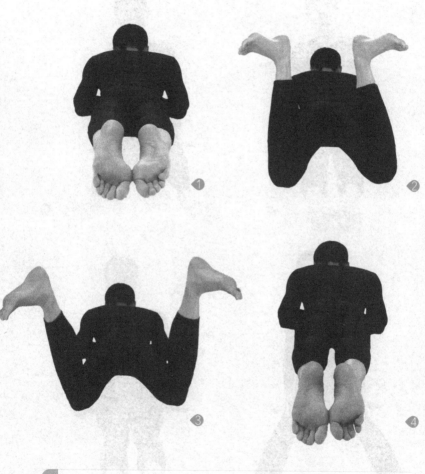

 小贴士　　特别留心，收腿和翻脚掌的动作是连贯完成的。

4. 手扶泳池边蛙泳腿练习

双手扶住泳池的墙壁，双腿做收腿、翻脚、蹬夹腿的练习。

二、蛙泳腿部动作练习的易犯错误和纠正方法

1. 大腿收得过紧

错误原因：蹬腿时屁股露出水面，看上去整个人一拱一拱的，并且向前游进的效果不好。

纠正方法：放松大腿，以收小腿为主，完成动作。

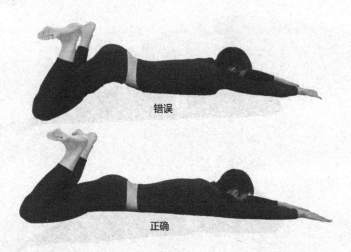

错误

正确

2. 只蹬腿不前进

错误原因：游进时只向侧方蹬腿，而没有做夹腿的动作。

纠正方法：强调向后蹬夹腿。

错误

正确

3. 用脚掌蹬水

错误原因：蹬夹腿时，看似没问题，就是不见向前游进，原因是用全脚掌蹬水。

纠正方法：向后蹬腿时用脚掌内侧蹬水。

错误

正确

4. 下半身沉在水中

错误原因：收腿蹬腿过程僵硬，收大腿和收小腿过紧。

纠正方法：加强腰腹力量的提升，帮助控制身体在水中的平衡。

错误

小贴士 腰腹力量不足，造成下半身在水中下沉。

正确

5. 蹬腿时绷脚尖

错误原因：收小腿后双脚没有勾脚尖而是绷直脚尖。

纠正方法：练习中强化始终勾脚蹬腿，建立正确的收腿、翻脚技术联系。

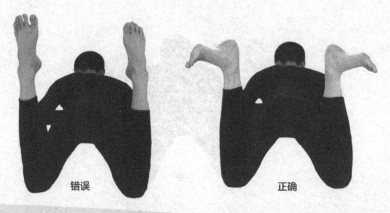

错误　　　　　　　　　　正确

学习窍门分享

　　蛙泳收腿时，膝关节不应超过臀部，也就是说大腿与躯干之间的夹角，角度越小阻力越大。收腿后翻脚时要注意：脚心向上，两脚趾应指向身体两侧，以脚内侧及小腿形成最大的对水面积，为蹬腿创造更好的效果。

第2节 蛙泳呼吸技术学习

一、蛙泳呼吸技术的练习方法

1. 手扶池边练习

练习时，学习者在水中手扶池（槽）边，深吸一口气后，将头埋入水中闭气。

2. 口鼻呼气练习

在闭气的基础上，在水中用口鼻向外呼气，气体就像珍珠一样冒出水面，既增加了学习兴趣，又能感知到水中呼气的要领。

3. 用嘴吸气练习

在水中呼气的同时，逐渐将头向水面抬起，当口鼻露出水面后，用力将剩余气体呼（吹）出，其目的是将从头部流到嘴边的水吹跑，以便能够顺利进行吸气，否则会在吸气时连水带气同时吸入口中，容易引起喝水和呛水。

4. 连续、快速呼、吸动作练习

掌握单次的呼吸动作后，再做连续、快速呼、吸动作练习，即水下呼气，水上吸气。将这一过程连续不断地进行，熟练掌握后，呼吸技术也就掌握了。

为了便于掌握呼吸技术的动作要领，可参考蛙泳呼吸的口诀。

蛙泳呼吸的口诀

深吸一口气，把头埋水里；憋气稍停顿，把气呼水里；
口鼻同进行，出水要吹气；把水吹两旁，避免吸嘴里；
大口再吸气，继续水中戏；反复来练习，才算会换气。

二、蛙泳呼吸技术的易犯错误及纠正方法

1. 只做动作不见呼吸

错误原因：怕呛水。

纠正方法：应在练习时放慢练习速度，强化鼻呼、口吸的动作。

2. 每次吸气少而浅

错误原因：呼气时不完全，也就是一口气没呼完。

纠正方法：应强调尽力呼完气，在吸气时张大嘴，做短而快的深吸气。

3. 面部出水后用手擦脸

错误原因：怕呛水。

纠正方法：在嘴露出水面时用力将剩余的气吹完，避免吸气时把水吸入口中，可放慢练习速度，克服怕水心理。

小贴士

在呼吸练习时最好佩戴水镜，在水中能清晰地看到整个练习过程，避免肌肉紧张、克服紧张情绪，更加直观地在学习过程中掌握动作要领。

掌握蛙泳的呼吸技术，是学会蛙泳的关键。学习初期，应首先强调用口吸气，用口、鼻呼气，以区别于陆上的自由呼吸。

第3节 蛙泳手臂动作技术学习

一、蛙泳手臂动作的练习方法

1. 陆上站立模仿练习

两脚开立，上体前屈，两臂前伸并拢，做手臂划水模仿动作，建立正确的划手技术概念，其动作结构为划手、收手、伸手。

③ ④ ⑤

小贴士　　蛙泳手臂的练习方法可以参考如下口诀。

蛙泳手臂练习口诀
两臂伸直要并拢，两手斜下来划水，
划水两手宽过肩，接着双手向内收，
收手同时要加速，手于胸前像作揖，
作揖之后不停顿，接着并手向前伸，
划手过程要有序，动作掌握准又齐。

2. 水中站立划臂练习

站在泳池中，做手臂划水练习，重点体会手臂的划水、抱水、收手、伸手时在水中用力的感觉。

3. 水中站立单臂划水练习

站在齐腰深的水中，上体前屈，一侧手臂伸平，另一侧手臂做模仿划水的练习，重点感受划水时手臂对水的感觉。

4. 水中站立双臂划水练习

　　站在齐腰深的水中，上体前屈，双臂做模仿划水的练习，感受划水时双臂的配合以及手臂对水的感觉。

5. 行进间手臂与呼吸配合

　　站在齐腰深的水中，上体前屈，做手臂与呼吸配合练习，边做手臂动作，边向前慢慢行走，重点体会划水时的用力节奏。

④

二、蛙泳手臂动作易犯错误和纠正方法

1. 划手太宽

错误原因：没有掌握蛙泳手臂的动作要领。

纠正方法：强调划手时两手间距稍宽于肩。

错误

正确

2. 空划臂

错误原因：划水时肘的位置较低，手臂伸出后超过水平面，没有形成有效划水。

纠正方法：强调高肘划水，即肘的位置高于手和前臂。

错误   正确

3. 划水收手胸前停顿

错误原因：没有掌握蛙泳手臂的动作要领，整个手臂动作不连贯。

纠正方法：强调划水动作的连贯性，整个划手过程中不能有停顿，手臂向前伸直后，才能有停顿和滑行的动作。

错误

正确

4. 划水过深

错误原因：划水时，肘部没有弯曲，而是直臂向下。
纠正方法：弯曲肘部，强调两手向侧下方划动。

错误　　　　　　　　　　　　正确

5. 划手时吸不着气或吸气少

错误原因：收手时速度太慢形不成抬升上身的作用，造成呼吸困难。

纠正方法：动作过程中强化加速收手，同时加强手臂的力量练习。

学习窍门分享

蛙泳的手臂动作看似对称、简单，但掌握正确的技术动作却较难。练习中应注意划手的宽度不能太大，收手时肘部不要超过肩。初学蛙泳就要建立正确的动作概念，抱水、划水、收手、伸臂各环节都应准确到位。建议先在路上模仿练习，再在水中练习，以建立划水的节奏，后加力完成划臂动作，逐步掌握蛙泳划手的用力顺序、节奏和技术动作。

第 4 节 蛙泳完整配合技术练习

准备课

　　蛙泳的完整配合技术，是指掌握手、腿、呼吸技术的总称。动作要领是划手时腿不动，收手时再收腿，先伸手臂后蹬腿。

一、蛙泳完整配合的练习方法

1. 陆上原地划臂练习

　　原地直立，两手臂向头上伸举，做蛙泳手臂的模仿练习，划手时腿不动。

2. 陆上双臂单腿配合练习

原地直立，两手臂向头上伸举，做蛙泳手臂的模仿练习，划手时一侧的腿做配合练习，双腿交替配合。

正面

侧面

3. 单腿支撑配合练习

单腿支撑站立，上体前倾，另一腿后伸，做手腿配合练习。左右腿交替练习。

4. 直立蹲起配合练习

划水时腿不动，收手时原地下蹲，伸手后再站起。

5. 水下蹬边滑行练习

蹬边滑行后，手腿伸直，使身体呈直线。在身体直线滑行中，使手臂、头、腰腹、腿等部位建立正确的位置关系，保持身体平衡。

小贴士

　　此动作的练习对于连接手、腿的动作有很好的促进作用，可以建立良好的手腿配合关系。

6. 水下配合分解练习

划手时腿不动，收手时进行呼吸。收手后再收腿，呼吸后向前伸手臂时，再接着蹬腿，蹬腿后手腿伸直漂一会儿。

二、蛙泳配合练习的易犯错误及纠正方法

1. 呼吸困难或吸不着气

错误原因：身体位置较深，划手后头露不出水面，无法进行呼吸。

纠正方法：应在水平面进行划水，划手时两手掌向侧下先压水，借助下压的反作用力使头嘴露出水面。同时，应有意识地前伸下颌，同时把余气呼完。

错误

正确

2. 游进中有停顿现象

错误原因：手腿配合用力不协调。

纠正方法：应强调划手腿不动、收手再收腿的配合顺序。

3. 游进时的速度太慢

错误原因：蹬腿时的效果较差，两手划水的距离太大，造成收手困难。

纠正方法：强调划手间距要小，即宁小勿大。要收腿、翻脚后，使脚心向上，脚内侧和整个小腿对准向后蹬水的方向，以增强每次蹬水的效果。应反复体会腿对水的用力。

学习窍门分享

通过蛙泳的配合练习，逐步掌握手、腿、呼吸的配合，最终熟练掌握蛙泳的技术动作。蛙泳的手腿配合简单是因为手腿动作都是对称的，容易做到；复杂是因为手腿的动作都是在水中进行的，阻力多，难度大。因此，在游进中的用力节奏及大小，会影响到动作的连贯性。如果划水时用力过大，就会抬高身体位置，增大前进的阻力。练习时应该是逐渐加力，快速收手，既增加前进的动力，又为呼吸做好准备。

蛙泳的完整配合口诀

只划手来不动腿，收手时候再收腿；

先伸手臂再蹬腿，蹬完之后漂滑水；

手腿配合要连贯，蹬划次序要到位；

用力顺序要搞清，反反复复来体会。

第6章
自由泳技术学习

准备课 1

自由泳是最快的泳姿

自由泳是游泳技术中速度最快的一种泳姿，身体俯卧在水面上，两腿上下交替打水，两臂轮流向后划水。因为在游进过程中身体几乎与水面平行，所以在各种竞技游泳姿势中，自由泳的流线形保持得最好，受到水的阻力也最小。自由泳技术动作由身体姿势和腿的动作、臂的动作、呼吸和完整动作组成。

准备课 2

自由泳的身体位置

游自由泳时成俯卧状态，尽量保持身体水平，头部和躯干在一条直线上，两眼看向池底。如此形成的流线形姿态，有利于划水和打腿，可以增大推进力。游进时可以围绕身体纵轴有节奏地转动，转动范围以 35°~45° 为宜。

第1节 自由泳的腿部动作

一、自由泳腿部动作技术学习

1. 陆上坐姿模仿练习

坐在池边或岸边，两手后撑，两腿自然伸直，脚尖内扣，直腿做模仿打水的练习。

2. 陆上俯卧模仿练习

俯卧池边或在凳子上做模仿打水练习。练习时由大腿发力带动小腿和脚踝做上下交替打水，两脚之间的幅度为 30~40 厘米，这个练习非常直观且简单易学。

3. 水中扶池边打腿练习

两手扶在池边或抓住水槽使身体俯卧于水面做自由泳打腿练习。刚开始打水时，最好两腿伸直，为规范的打腿动作打下基础。

4. 水中扶板打腿练习

水中漂浮状态下扶板做打腿练习。

练习时可以根据自身掌握动作情况，逐渐增加打水的距离。

二、自由泳腿部动作的易犯错误及纠正方法

1. 大腿不动，只有小腿发力

错误原因：屈膝过大。

纠正方法：强调直腿打水，体会大腿带动小腿打水的感觉。

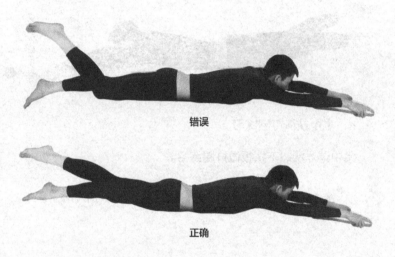

错误

正确

2. 打腿但是不前进

错误原因：腿打水时身体仍原地不进，主要是向下打水时脚未绷直或者勾脚打水。

纠正方法：练习时绷直脚尖再打腿。

错误

正确

3. 勾脚尖打腿

错误原因：动作过分紧张或踝关节灵活性差。

纠正方法：要求绷直脚尖并稍内扣打水。

小贴士　多做踝关节灵活性练习，如跪姿压脚。

自由泳腿部动作的口诀

大腿发力带小腿，两腿交替快打水；

脚尖内扣踝放松，鞭状浅快对准水。

学习窍门分享

　　自由泳打腿动作直接影响到学习的进度和动作的规范，可以对着镜子纠正自己的动作，或者在练习中同伴间相互检查。自由泳腿的动作是学好自由泳的基础，陆上、水中反复练习是必不可少的。只有掌握了正确的打腿技术，才能较快地学好自由泳。

第2节 自由泳手臂动作技术学习

 准备课

自由泳手臂动作线路

　　自由泳手臂的动作要领：两臂交替在同侧肩前入水，入水后手向后下方屈腕、屈臂，高肘抱水并在身体下方向后（沿中线）做"S"形加速划水，划至大腿旁出水，经空中前移再入水。当一臂入水时，另一臂正在腹部下方划水。学习自由泳手臂的动作同样要进行陆上模仿和水中练习。

一、自由泳手臂动作的练习方法

1. 陆上手臂动作模仿练习

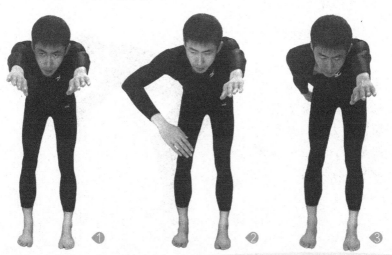

上体前倾，手臂伸直，做直臂划水模仿练习。着重体会推水结束后空中移臂和手臂入水的动作细节。移臂时应放松，先单臂练习，再两臂交替练习。

2. 屈臂划水练习

体会划水路线，手臂动作练习中注意动作节奏，除了划水阶段用力外，其他阶段放松，在空中移臂时肘应高于手。

3. 水中站立练习

站立在齐腰深的水中,上体前倾,做陆上模仿练习的各种动作,重点体会入水、抱水、划水、推水和空中放松移臂动作。

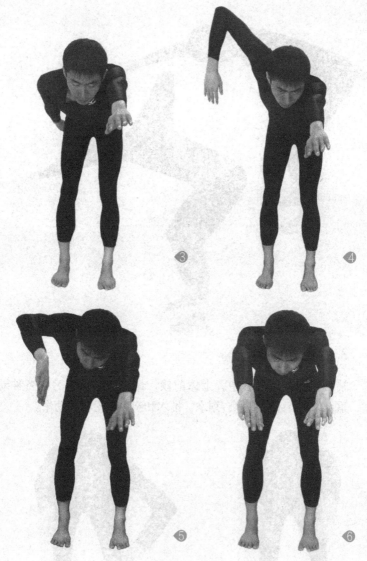

4. 走动划手练习

在手臂划水时，两脚随手臂的划动向前走动，重复水中练习的
内容。并注意划水时适当用力，手掌对水，在推水时掌心向后。

5. 蹬边滑行练习

蹬边滑行打腿，并做单臂划水练习。练习中一侧手臂始终在头前伸直，练习过程中需要闭气。身体可随手臂划水动作而向同侧转动。左右两侧交替进行。

6. 单臂交替划手练习

一侧手臂完成一次完整的划臂动作后（其中包括划水、移臂和入水），另一手臂再练习，左右两侧交替进行。

7. 闭气的完整手臂配合

蹬边滑行后闭气，做两手交替的划手练习。

8. 单手扶板划臂

练习时一手前伸扶板，另一手做划臂练习。重点体会单手的入水、抱水、划水、推水和空中移臂的动作结构。

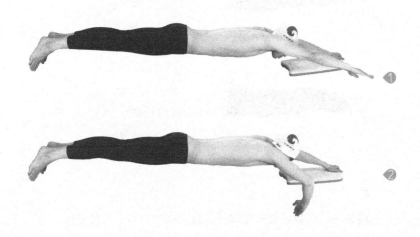

9. 夹板划臂

两腿夹住浮板，使身体保持平直，练习时双手交替进行。

> **自由泳手臂动作口诀**
> 肩前拇指先入水，前伸屈腕来抱水；屈臂高肘来划水，
> 腹下用力来推水；拇指触腿臂出水，放松前移再入水。

> **自由泳划臂种类的口诀**
> 划臂类型有三种，交叉部位前后中；
> 长距离用前交叉，快速冲刺中后叉。

二、自由泳手臂动作的易犯错误及纠正方法

1. 手沿身体外侧划水

错误原因：初学自由泳时，往往害怕身体下沉，手沿身体外侧划水。

纠正方法：因为手部入水点在肩部的外侧，纠正时应强调入水点尽量靠近中线，加大身体滚动幅度。

错误　　　　　　　　　　　　　　　　正确

2. 直臂向下压水

错误原因：初学自由泳时，往往害怕身体下沉，因而手臂一入水就直臂向下压水，以获得向上的支撑力量，便认为这样更加"安全"，其实这样做不但会减少推进力，而且更容易使下肢下沉。

纠正方法：手臂入水后向前下伸直，再勾手腕、屈臂抱水，然后尽力向后划水，以便获得较大的推进力，只要有足够的向前速度，身体自然会保持在水面游进。

正确

错误

错误时，划水的手臂是直的，没有屈肘。

3. 用力但不前进

错误原因：沉肘划水，即划水时肘关节相对于手来说向后移动太快，划水时形不成较大的对水面积。

纠正方法：划水过程中，要使手和前臂与水平面垂直，并尽可能保持这一状态，以增大划水面积。

4. 划水路线短

错误原因：手部入水点太靠近头部，手臂未充分伸直，抱水动作不够充分，推水时手臂还没有完全推直就从腰侧提出水面。

纠正方法：每次手入水时手臂尽量前伸到最远端，划水时先屈腕、再屈小臂，推水后大拇指必须触及大腿后才能出水，加长划水路线。

正确入水点

错误入水点

错误时，手的入水点太靠近头部。

5. 沉肘划水

错误原因：肘部先于手入水，不但增大阻力，而且造成沉肘划水。
纠正方法：练习时应要求注意高肘移臂，强调拇指先入水。

错误时，不是手先入水，而是肘部先入水。

6. 划水时手掌摸水

错误原因：动作概念不清或急于转头吸气。
纠正方法：强化技术结构，不能混淆动作环节的顺序，明确划水、吸气的位置。

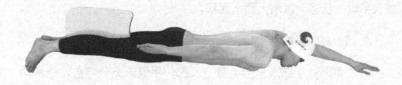

错误原因：急于转头吸气。

7. 划水结束时身体下沉或手出水困难

错误原因：手与前臂在一条直线上，形成推水后有向上划的动作，造成身体下沉。纠正方法：反复练习伸腕推水动作，强调划水后段向后伸臂。

8. 两臂配合不连贯

错误原因：动作不到位，协调能力差。

纠正方法：明确每个技术环节，多做连贯配合动作模仿，强调推水和提肘出水，动作一气呵成。

9. 手沿纵轴外侧划水且划水路线短

错误原因：手臂入水点偏外或手臂入水后过分向外侧抓水、向外划水；没有做出推水的动作。

纠正方法：划水时应注意屈臂沿身体中线作"S"形划水，划水结束时手要有意识地触及大腿；可用矫枉过正法改正入水点偏外的错误，并注意手在中线上入水。

错误入水点 ◀

正确入水点

错误原因 1：手臂入水点偏外或手臂入水后过分向外侧抓水、向外划水。

错误原因 2：没有做出推水的动作。

10. 划水结束时身体下沉和手出水困难

错误原因：划水结束时掌心是向上的，没有做向后推水的动作。
纠正方法：划水的后程要用掌心向后推水，并利用推水的惯性提肘带动手臂出水前移。

错误动作时：掌心是向上的，没有做向后推水的动作。

11. 直臂移臂

错误原因：肩臂紧张或受定型的错误动作影响。
纠正方法：多进行模仿练习，加强动作要领及肌肉感觉，注意移臂时要尽量放松，要高肘移臂。

错误时手臂是伸直的

　　自由泳主要的推进力是靠手臂划水来进行的。手臂技术动作的规范掌握，是学好自由泳的根本。练习中首先应明确正确的技术动作概念，在每个练习环节中，应做到动作到位，才能为整体技术动作配合打下良好的基础。陆上练习明确技术结构和划水路线后，侧重水中练习。可采用先单手后交替划水的方法，同时将呼吸技术融入到划手练习中。

第3节 自由泳呼吸技术学习

自由泳呼吸的口诀

　　自由泳的呼吸动作是向侧转头进行的。以右侧呼吸为例，当右臂入水后开始慢呼气，右臂划至胸腹下方时，向右侧转头，下巴有意识地向右肩靠，在推水即将结束时口转出水面，并张口吸气，移臂至肩时，转头还原并闭气，可以参考以下口诀来加强动作概念。

自由泳手臂与呼吸配合口诀
入水前伸稍屏气，臂划肩下慢吐气，
臂划胸腹来转头，推水转头再提肘。

一、自由泳呼吸的练习方法

1. 陆上模仿练习

　　两腿开立，上体前倾，做手臂与呼吸的配合练习。

　　这个动作较简单，练习几次后即可掌握，重点是在水中的练习。

2. 浅水中练习

站立浅水中，重复陆上的模仿练习动作。练习时应注意转头吸气，头不能抬高。

3. 蹬边滑行打腿

一侧手臂向前伸直不动，另一侧手臂做单臂划手与呼吸配合的练习。左右交替进行。

4. 蹬边滑行练习

蹬边滑行打腿，做手臂与呼吸的完整动作配合练习。

5. 单手扶板

一手扶板前伸，另一手做划手转头吸气练习。

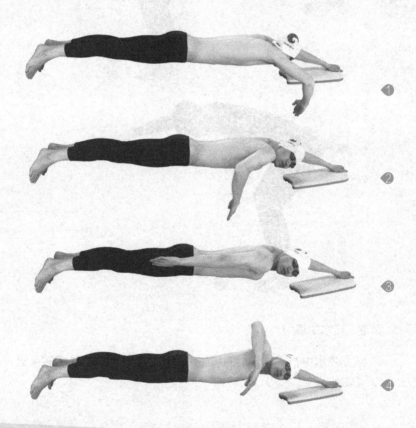

二、自由泳呼吸的易犯错误及纠正方法

1. 呼吸时头抬得过高

错误原因：怕呛水，不敢转头吸气。

纠正方法：多在浅水中做模仿练习，体会划水与呼吸的配合。

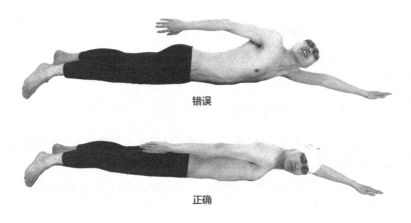

错误

正确

2. 转头幅度过大

错误原因：怕呛水或怕吸不着气，造成身体转动过大。

纠正方法：不断强化浅水站立练习的动作要领，克服怕水心理。

错误

正确

3. 动作僵硬，吸气浅而不足

错误原因：过度紧张。

纠正方法：动作要放松，划水时用力，移臂时放松，强调短而深的呼吸节奏。

4. 移臂时动作僵硬、不协调

错误原因：怕身体下沉、划水的效果差。

纠正方法：应多体会抱水、划水、推水的动作要领，提高划水效率。

5. 手臂与呼吸的配合有误

错误原因：在转头吸气时，对侧手臂下压至肩的下方，因为想通过手臂的下压使头部位置升高，从而便于吸气。

纠正方法：要求对侧手臂入水手向前伸，而吸气时强调对侧耳朵紧贴对侧上臂。

错误时，手臂下压低于肩部

自由泳完整配合的动作口诀
身体俯卧要平直，臂划 2 次打腿 6 次；
推水侧转来吸气，手腿配合要统一。

呼吸技术是游进中持续不断的保证，其技术动作直接关系到游进的速度和效果。掌握正确的呼吸技术，是建立整个手、腿配合技术的关键。自由泳的呼吸技术直接关系到手、腿技术的衔接和配合。练习时应强调正确的技术概念，多做陆上和水中走动划水模仿练习，配合手臂的划动与呼吸同时进行，达到划手、转头、吸气动作协调一致的效果。

第4节 自由泳完整配合技术学习

准备课

自由泳完整配合的口诀

　　自由泳完整配合时身体平直地俯卧水面，两臂交替向后划水的同时，两腿不停地上下交替打水，臂划2次向侧转头吸气1次。有6次打腿、4次打腿、2次打腿及不规则打腿配合之分。初学者最好采用臂划2次，打6次腿的配合方式。6次打腿的配合技术是两臂各划一次，两腿各打3次，呼吸1次。

一、自由泳完整配合的练习方法

1. 陆上站立分解练习

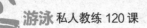

陆上两脚并拢站立，上体前倾，两臂前伸，当一侧臂手划臂时，另一侧手臂仍然前伸；等划水手臂完成划水动作后，另一手臂才开始划臂。这样的练习可使注意力集中在划臂和打水上，有利于建立正确的技术动作。

2. 陆上站立模仿配合练习

陆上两脚并拢站立，上体前倾，手臂前伸。做手臂与呼吸的配合模仿练习，通过练习建立和掌握划手与呼吸的技术概念。

3. 陆上俯卧模仿配合练习

成俯卧姿态，做臂、腿配合的模仿练习。此练习主要建立正确的技术概念和手腿配合的用力节奏及协调能力。

4. 水中蹬边滑行练习

蹬边滑行后的腿、臂配合练习，划臂时，两腿不停打水。

5. 水中分解练习

两臂前伸，当一侧臂手划臂时，另一侧手臂仍然前伸；等划水手臂完成划水动作后，另一手臂才开始划臂。这样的练习可使注意力集中在划臂和打水上，有利于建立正确的技术动作。

6. 划臂时加上呼吸动作

随着熟练程度的增加，逐渐增长游距，在练习中感受和改进自由泳完整的配合技术。

二、自由泳完整配合的易犯错误及纠正方法

1. 身体位置不平，头高腰低

错误原因：游自由泳时，身体纵轴与水平面形成的角度过大，会增加身体前进时遇到的阻力。产生原因主要是头的位置过高，造成下肢下沉。

纠正方法：降低头的位置，使水面齐着发际，同时增强打腿时的力度。

正确

2. 身体左右摇摆

错误原因：游进时身体左右摇摆，破坏了身体的流线形，增加了游进的阻力。产生这一现象的原因是：手臂平直移臂或手入水点超过中线；腰部过于放松。

纠正方法：采用高肘移臂，并注意手在同侧肩前入水，同时腰部肌肉适度紧张。

3. 移臂困难

错误原因：身体沿纵轴向两侧转动的幅度太小或没有转动。

纠正方法：应加长向两侧转动的幅度。

自由泳学习过程中感觉移臂困难，是很多初学者都会遇到的问题。造成移臂困难的原因是划水效果差或划水路线较短。应注意加长划水路线，从入水到出水的动作应充分前伸和后推，另外，还应注意手入水后的屈腕、抱水和划水动作是否正确，推水时要快速用力，增进游速，使移臂的时间更"宽松"。

4. 仰头吸气

错误原因：怕吸不到气，转头呼吸的技术动作不熟练。

纠正方法：应多进行分解动作练习，明确正确的呼吸技术概念，克服怕水心理。

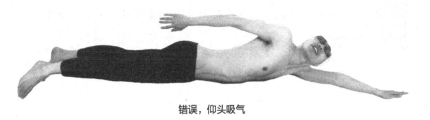

错误，仰头吸气

正确

5. 动作配合不协调、不流畅、不连贯

错误原因：动作过分紧张，身体位置改变，双腿下沉，呼吸困难或动作的节奏感不强。

纠正方法：应放松慢游，多做打腿和划臂与呼吸的配合练习。

6. 吸不进气

错误原因：没有熟练掌握水中基本的呼吸技术，不会吸气或没有呼气。

纠正方法：应在水中原地练习水中呼吸动作，掌握水中呼吸的要领，并强调水下呼气的动作。

小贴士

自由泳的呼吸学习过程中，掌握转头吸气的时机很重要，正确的吸气时机是：嘴即将出水时猛吐气并作短而快的深吸气。

学习窍门分享

自由泳的完整配合包括了腿、手、呼吸综合协调有序的内容，学习之初就要注重规范性。在进行自由泳完整的技术配合练习时，应先巩固手、腿和呼吸的技术。在手、腿技术基本掌握后，再进行完整的配合练习，否则，欲速则不达。

第7章
仰泳技术学习

准备课 1

仰泳的身体位置

　　游仰泳时，身体自然伸展，躯干的肌肉保持适度紧张，头和肩部略高于臀部，腹部和两腿，使整个身体位置保持在水面下5~10厘米处，身体纵轴与水平面约成5°~10°的迎角，使身体形成良好的流线型。这种姿势既能有效减少游进时水的阻力，又能充分发挥腿部动作的推进作用。头部姿势是使身体保持良好流线型的关键。要求颈部自然伸直，下颌略收，后脑浸入水中，水面平耳际，脸部露出水面。

准备课 2

仰泳的动作配合

游仰泳时，躯干应随着两臂的划水动作而左右转动。髋部和腿随着肩的转动而适当转动，但幅度不宜过大。手掌划至最深点开始上划时，身体转动幅度最大。身体转动应因人而异，转动幅度不要超过50°。躯干转动过大，必然会消耗过多体力，引起髋部明显的转动和腿部的左右摆动，降低腿部动作的效果，从而影响到整个动作的配合和衔接。

准备课 3

仰泳的腿部动作要领

仰泳腿的练习可以从比较简单的直腿打水开始，体会大腿带动小腿和脚踢水的动作要领，然后逐步过渡到直腿下压，屈膝上踢的"鞭状"打腿动作，要通过大量的练习，不断提高打腿动作实效。

第1节 仰泳腿部动作技术学习

一、仰泳腿部动作的练习方法

1. 陆上模仿打腿

坐在地上，上体后仰，双手直臂后撑，两腿直腿上下交替打腿。练习100次左右即可基本掌握，主要感知仰泳打水的动作要领。

2. 池边踢水

坐在池边，双脚浸入水中，做上下交替打腿动作。主要感知腿、脚对水上踢时的感觉。

3. 水中仰卧漂浮

浅水中站立，上身后仰时蹬池底，使身体保持平仰状态，双臂位于体侧，双眼望向天空方向，通过此练习建立起水中身体平卧的感觉。

4. 仰倒后站立

从仰卧状态改为站立，应先收腹，后屈膝，两手向下压水。此练习目的是感觉身体在水中的位置，目的是在身体失控状态下能迅速站立，以防呛水。

5. 仰卧滑行

蹬离池边，仰卧在水中滑行。感受身体位置，重复数次，直到身体能平稳地仰卧于水面。

6. 仰姿打腿

背靠池边，手扶池槽，固定池边仰姿打腿。上体固定，身体成仰姿，两腿上下交替打腿。要求踢出水花，体会腿脚踢水的感觉，建立踢水时的发力顺序和用力节奏。

 此练习可直接观察到自身的打腿动作是否正确，在练习时可自我纠错。每次每侧练习 50 次左右。

7. 臂前伸滑行打腿

开始时，可一臂前伸，另一臂置于体侧，两臂交替练习，直至两臂同时前伸打腿。重点体会手臂伸直、身体平躺水面时对水的感觉。打腿练习应多次进行，直到将两手臂伸直于头两侧，身体位置平直，两腿熟练打腿为止，一般需要 10 次左右。

8. 滑行打腿

双臂放在体侧，做滑行打腿动作，此练习有利于稳定身体位置，更能突出打腿技术。练习时的距离约 10 米，往返反复练习。

9. 双手抱板打腿练习

此练习的优势是身体比较放松，浮板的浮力作用解除了怕身体下沉的顾虑，更能把注意力集中到打腿练习上。

二、仰泳腿部动作练习的易犯错误及纠正方法

1. 膝部出水

错误原因：腿的位置离水面太近。纠正时强调身体位置应有一定的倾斜度。

纠正方法：多做直腿打腿的模仿练习。当膝部接近水面时制动，小腿顺势再上踢。

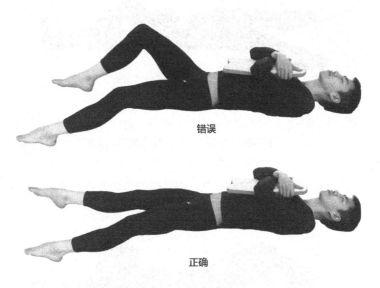

错误

正确

2. 小腿踢水

错误原因：大腿不动屈膝打水。

纠正方法：时应强调直腿打水，多感知大腿带动小腿的动作要领。

3. 打腿没有水花

错误原因：腿的位置较深，下半身沉在水下。

纠正方法：调身体位置平仰于水面，加快打水频率，缩小两脚间的打水距离。腿的用力顺序和用力节奏。

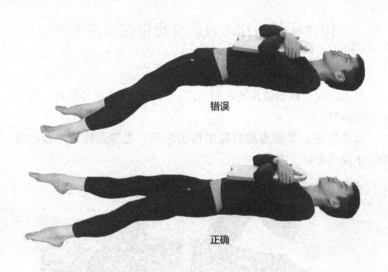

错误

正确

4. 坐姿踢水

错误原因：身体不敢平躺在水中，害怕面部露不出水面而吸不到气。

纠正方法：应克服怕水心理，按正确的身体位置平仰水中，并重点提醒自己要挺髋。

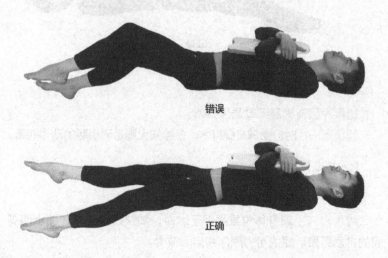

错误

正确

5. 打水时勾脚尖

错误原因：打腿时没有绷脚尖，而是勾脚尖。
纠正方法：加强腿部动作模仿练习。

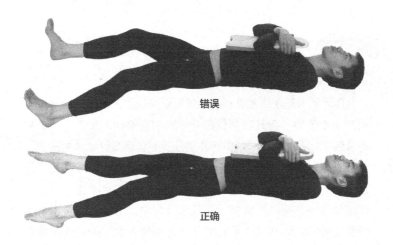

错误

正确

学习窍门分享

  踝关节的灵活性和以大腿带动小腿上踢下压、鞭状打腿是非常重要的，正确掌握发力顺序和用力节奏就能有效提高打腿效果。在进行仰泳打腿练习时应首先在陆上进行腿的模仿练习，基本掌握打腿技术后转入水中练习，可采用扶边、滑行、抱板等形式逐步熟悉和掌握。

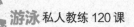

第2节　仰泳手臂动作技术学习

仰泳手臂动作线路

　　仰泳划水是在体侧进行的，划水路线或技术不正确，不仅无法产生推进力，而且容易引起身体的侧向摆动，改变身体正常的流线型。因此，在学习中应特别注意屈臂倒高肘划水的技术，可把划水过程简单地表述为"前半段抱划，后半段推压"。仰泳手臂的划水动作很难单独进行练习。尤其在水中练习时，多伴随扶板或打腿共同完成。在划水过程中，手掌的朝向也是不断变化着的。入水时，手心朝外小拇指先入水，入水点在肩的延长线上。划水屈肘最多时，肘关节弯曲成150°~160°，手臂出水时掌心朝下。移臂时，肩关节应领先提出水面。空中摆臂时，手臂在垂直面上向前进方向直线直臂向前摆动。

一、仰泳手臂动作的练习方法

1. 陆上站立屈肘转肩

　　两脚前后站立，重心放到后腿，做屈肘转肩练习。此练习主要建立两臂交替转动顺序，便于掌握正确的摆臂技术。

2. 陆上站立直臂划水

　　做仰泳划水动作时，先单臂后双臂。每次直臂向后摆动时，上臂应有意识地触碰同侧的耳朵，注重直臂移动，建立正确规范的技术概念。

3. 陆上站立屈臂划水

先做单臂动作，后做双臂动作。练习中速度要慢，把入水、抱水、划水、推水的每个环节做到层次分明，在直观的前提下，建立起正确的技术概念。

4. 陆上仰卧划臂

① ② ③

身体仰卧模仿划水动作。可先单臂后双臂。重点体会"8"字形划水动作。练习的时间可根据掌握动作要领的情况而自行设定。

5. 水中仰卧单臂划水

双手伸直放于头上，先打水使身体稳定，再进行单臂划手练习。一侧手臂在头上伸直保持不动。另一侧手臂做划水练习，每完成一次划臂练习后在头顶位置稍加停顿，再继续打腿进行单手划臂练习。左右交替进行。此练习可把注意力集中于一手的划手练习上，更有利于划手技术的掌握。

6. 水中仰卧双臂划水

双臂同时划水是对称动作，更容易掌握划水方向。如一臂在划水时动作有错误，就会产生身体前进方向的改变，更容易鉴别错误动作的出处。

二、仰泳手臂动作的易犯错误及纠正方法

1. 两臂配合不连贯

错误原因：动作概念不清。

纠正方法：应强调两臂依次、协调进行练习。

2. 手臂划水用力过早、过猛

错误原因：想早些完成划水过程。

纠正方法：按照模仿练习时的动作顺序依次进行。

3. 手臂入水点偏外

错误原因：肩关节柔韧性不足，造成动作僵硬。

纠正方法：手臂在移动时，强化触碰双耳的意识，同时强调手臂在肩的前上方入水。

手臂伸直在头顶，很多人因为会斜向伸出。

4. 脱肘划水或直臂划水

错误原因：划水时动作概念不清、手臂力量较弱。

纠正方法：强调正确的技术动作，加强力量练习，即使力量差也应强调动作结构。

错误动作，划水时手臂是伸直的

5. 手背拍击水面

错误原因：手背拍击水面会使手臂本身受到较大的阻滞，不能顺利做好后续的抱水动作，除此之外还会增大手臂的挡水面，掀起较大的波浪，造成头部上下起伏，从而增大游进时的阻力。

纠正方法：应强化正确的入水技术概念。

　　肩关节的灵活性直接关系到手臂技术动作能否正确掌握。应多进行水中练习，以增强身体在水中的感觉，建立正确的技术概念。仰泳手臂动作的练习应先以陆地练习为主，练习中强调手臂要伸直，上臂要有意识地触碰同侧的耳朵，建立规范、正确的技术动作概念。其次，强调先直臂划臂，再屈臂模仿。水中练习时，可采用双手直臂划臂的方法：一手在上，另一手直臂划臂；然后左右交替直臂划水；最后单臂、双臂交替屈臂划臂。

第3节 仰泳完整配合技术学习

2 次划臂 6 次打腿

完整配合游时，不必一开始去追求 6 次腿与 2 次划臂的形式，应做到划水的连贯性和打腿的不间断，通过不断的配合，逐步提高臂、腿的协调性。

练习口诀为：

> 2 次划臂 6 次打腿，交替划水靠肩带；
> 呼吸要随节奏做，动作周期来换气；
> 手腿协调要连贯，身体位置要牢记。

一、仰泳整体配合的练习方法

1. 陆上手臂动作模仿练习

原地踏步，似于水中打腿，两手臂依次交替向后摆动划水，踏 3 步摆 1 次手臂，同时吸气，再踏步 3 次摆另一手臂，同时呼气，目的是熟练掌握打腿及呼吸配合的技术及节奏，为水中练习做好准备。

2. 陆上仰卧模仿练习

仰卧池边或平凳上做打腿及呼吸配合练习。此练习接近于水中平卧姿势，更有利于掌握配合技术。

3. 水中助力划臂练习

在浅水中，由同伴抱住双腿，或握住脚踝，仰卧水中做仰泳手臂动作。练习时同伴可随练习者向前走动，也可原地不动来增加练习难度。

4. 夹板划水

将扶板夹于两大腿之间，身体仰卧水中做手臂动作，强化、巩固两手臂的正确技术动作，提高划水效果。

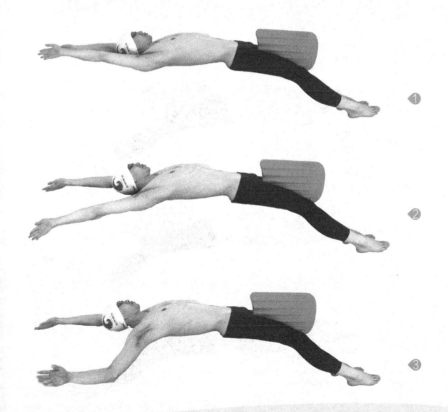

111

5. 扶板划水

仰卧水中一手伸直于头上，另一手做单手划臂练习。此练习可增强身体及划手的位置感觉，双手交替练习。

二、仰泳整体配合的易犯错误及纠正方法

1. 头高脚低——"坐"着游

错误原因：仰卧平躺不够，主要怕平躺后身体下沉。

纠正方法：练习过程中要有意识地挺髋，尽量使身体在水中的位置变平。

小贴士 做手放身体两侧的打腿练习，可以找到身体平躺于水面的感觉。

2. 配合动作不协调，动作不连贯

错误原因：手腿动作未完全掌握。

纠正方法：应加强配合动作练习，同时再多进行腿、手的分解练习。

3. 侧向摇摆，蛇形游进

错误原因：手臂入水点超过中线，造成划手时身体左右摇摆。

纠正方法: 应多做手臂动作模仿练习，强调身体要随划臂动作沿身体纵轴左右转动。

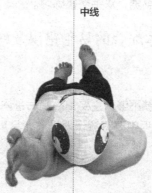

中线

错误原因，手臂入水点超过中线

学习窍门分享　　　完整配合技术练习时应加强肌肉力量练习、身体协调能力练习，协调能力提高能帮助初学者尽快掌握配合技术。在手、腿及呼吸技术完全掌握的前提下才可以进行完整技术配合练习。

第8章
蝶泳技术学习

蝶泳是从蛙泳技术动作派生出来的，从动作的外形来看，蝶泳的手臂和腿的动作与自由泳相似，区别在于自由泳两臂和两腿的动作是交替进行的，而蝶泳是同时进行的。尽管蝶泳在划水时产生的推进力比自由泳大，但由于两臂同时划水、移臂，而且动作不连贯，身体前进的速度不均匀，因此蝶泳的速度慢于自由泳。

第1节 蝶泳腿部动作技术学习

一、蝶泳腿部动作的练习方法

特别提示：蝶泳在游进过程中，水中打腿时两腿要同时做动作，但很多学习蝶泳的游泳爱好者很容易犯分腿打腿和屈膝打腿的错误，因此，陆上练习要强调直腿、腰发力，动作协调连贯。

1. 陆上肩靠墙模仿练习

肩靠墙，两脚离墙 20~30 厘米成斜支撑。做收腹臀部连续触墙练习。此动作主要使练习者体会腰腹的用力节奏，增强对蝶泳腿的感性认识。

2. 俯卧打腿

上身不动，下肢腾空，两腿做上下打腿动作，重点体会腰腹在无支撑状态下的用力顺序。

3. 站立模仿练习

站立并腿，做收腹、收髋、腿前后曲线摆动的练习。感受腰、腹、腿的用力顺序和用力节奏。

4. 水中扶池边打腿练习

双手一上一下扶在池边或水槽上，身体俯卧在水中，低头闭气，做海豚状打腿动作。建立腰、腹、腿对水的用力感觉。

5. 水中扶板打腿

俯卧在水中，双臂伸直，双手握住打水板，保持头和肩的相对稳定，两腿做上下打腿练习。

由于手扶板使手臂相对固定，可将全部精力集中于打腿动作上。

6. 滑行打腿练习

蹬边滑行后继续低头闭气潜入水中，两臂位于体侧或向前伸，做海豚泳打腿动作，重点体会在无支撑的状态下打腿用力的节奏。

7. 潜泳打腿

低头闭气潜入水中，两臂贴于体侧或向前伸，做海豚泳打腿动作。肩部保持相对稳定，两腿向下打时注意提臀，动作要均匀连贯，节奏明显。

 小贴士 每次闭气时间内要尽量多的打腿。

8. 划蛙泳臂打蝶泳腿练习

做一次蛙泳划水动作，连续打 3~4 次蝶泳腿。交替进行，划蛙泳手的目的在保证呼吸的同时使打腿动作不停顿。

二、蝶泳腿部动作的易犯错误及纠正方法

1. 屈髋打腿

错误原因：过分收腹或打腿时未展髋。

纠正方法：应降低打腿幅度，向上打腿时有意识地做展髋和挺髋的动作，或在陆上做身体波浪练习。

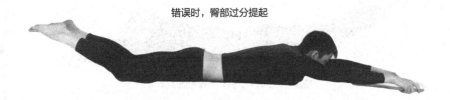

错误时，臀部过分提起

2. 身体起伏过大

错误原因：头部下潜位置较深、抬上体换气、打水幅度过大等。

纠正方法：如头部位置较深，两手的位置应贴近水面向前伸直，手、头、肩相对固定；抬上体换气，应有意识地将头向前伸，当嘴露出水面后停止再做向上抬头的动作；打腿幅度过大时应注意减少屈膝幅度，直腿打水。

错误时，身体过分追求蝶泳的起伏状态。

3. 躯干无动作

错误原因：动作概念不清，用力顺序不明。

纠正方法：强调打腿发力应按腰腹、大腿、小腿、脚踝的顺序进行，练习时有意识地收腹、提臀。

4. 向上抬腿时屈膝上勾

错误原因：由于大腿没有上抬，小腿上勾会增大身体在前进方向上的投影截面，从而增大阻力。

纠正方法：应直腿打腿。

错误时，没有抬大腿，而是弯曲小腿

5. 打腿时上体不固定

错误原因：整个身体的控制力较差。

纠正方法：应加强协调能力。

　　由于蝶泳没有固定的身体位置，头和躯干的相对位置随着手腿的动作而不断变化，因此要保持头部和肩部的相对稳定，初学者不宜过分追求身体的波浪动作。起伏太大，会增加阻力，破坏身体位置平衡，而且容易降低游速。腿的练习是学好蝶泳技术的基础。蝶泳的学习过程应先陆上后水中，以腿为主，掌握了海豚波浪式的打腿技术后，再进行手臂技术的学习。手、腿技术掌握后可进行完整的技术配合。

第2节　蝶泳手臂动作技术学习

一、蝶泳手臂动作的练习方法

1. 陆上划臂模仿练习

身体直立，收腹，上身稍稍前倾，做上臂划水练习，建立划臂与腿的配合用力节奏。

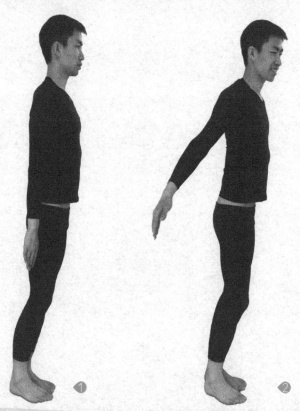

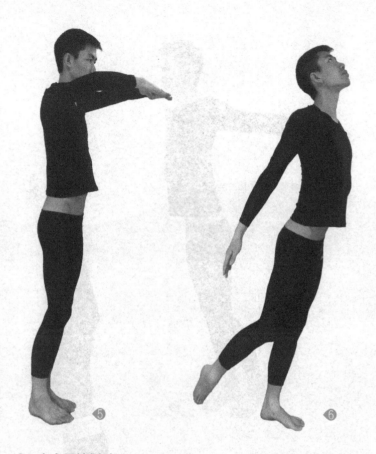

2. 水中原地划臂

站在浅水中，原地双臂做划臂练习。先低头划水，再加上呼吸动作。重点体会划手用力节奏及对水的感知。

3. 水中行进间划臂

水中，边走动边做两臂划水练习。

此练习在走动中减轻了划水的强度，可不断提高上下肢的协调配合能力，建立最初的手腿配合用力顺序。

4. 跳起落下划手

水中站立，两脚用力蹬池底，身体向前跃出水面，蹬腿时两臂向后做划臂动作，然后前摆。

小贴士

重点体会两臂划水时的加速度，借助腿的蹬力，加快两手的划速，建立快速划手的理念。

5. 夹板划臂

两腿夹板做划水练习。

由于夹板使腿的位置较高并无法助力，因此对手臂力量要求较高，增加了手臂划水的难度，更加准确的建立和掌握划水技术。

6. 蛙泳腿、蝶泳划臂

两腿蹬蛙泳腿做单臂划水练习，也可单、两臂交替进行。

此练习是手臂力量不足、无法顺利完成划水动作时采用的练习方式。

7. 打蝶泳腿做单臂划水练习

可两臂交替进行划水，强化单手划水的技术结构，建立正确的划水路线和用力节奏。

8. 打蝶泳腿做双臂划水

此练习近似于完整的配合练习，可先做 3~4 次的打腿，再做一次划手。

多次打腿的目的是使身体位置保持在一个相对稳定的状态，提高划水效果和用力节奏。

9. 单手扶板划臂

单手扶板相对固定了上体，增加了另一手划水时的难度，是建立和掌握正确划手技术的辅助练习方法。

二、蝶泳手臂动作的易犯错误及纠正方法

1. 手臂出水难

错误原因：划水、推水无力、抬头太高。

纠正方法：应加大划推水时的力量和速度。

2. 划水路线短

错误原因：手入水后向下划水，造成上体抬起过高、手臂没有完全推直就提臂前移。

纠正方法：手臂入水后直接勾手向腹部下方划动，推水后应用拇指有意识地触碰大腿，以达到手臂伸直的要求。

3. 直臂划水

错误原因：划水路线不对，或是怕身体下沉。

纠正方法：应强调正确的划水技术，两手入水后应有意识地做出手指相对的动作，屈臂向后划推水。

错误动作：两臂伸直

4. 抱水、划水的速度层次不清

错误原因：划臂技术概念不清。

纠正方法：应加强抱水、划水、推水的用力节奏。即慢抱、加速划、快推的用力顺序。

学习窍门分享

以上每项练习时，应注意双臂入水时尽量前伸，推水结束时应有意识地用拇指触及大腿，使每次划水动作充分完整，为掌握良好的技术动作和用力节奏打好基础。陆上练习是建立正确技术概念的首选，水中练习方式是关键，前伸后推的划水路线是核心，正确的掌握划臂技术是目的。根据不同情况可采用有针对性的方式进行练习。

第3节 蝶泳完整配合技术学习

一、蝶泳完整配合的练习方法

1. 陆上两腿屈膝模仿练习

两腿同时屈膝做双臂划水练习。此练习可强化手与腿的配合节奏。

2. 陆上一脚点地、双臂划水练习

明确手、腿配合的技术概念，建立正确的配合顺序和用力节奏。

3. 陆上两腿屈膝加呼吸做双臂划水练习

明确完整配合中协调用力顺序，体会手腿配合的用力节奏和先后顺序。

4. 水中蛙泳长划臂结合海豚式打腿

两臂前伸时，腿做第 1 次下打，两臂推水至大腿时，打第 2 次腿。基本掌握后再抬头呼吸。两臂开始划水时抬头，推水时吸气，两臂前伸时头入水。

5. 单臂蝶泳

一臂前伸不动，另一臂做划水练习，两腿做上下打海豚腿或蹬两次蛙泳腿，做 1 次蝶泳划水练习。

 　单臂划水是一种分解练习的方法，容易掌握身体位置，减小了整体配合动作的学习难度。

6. 臂腿配合练习

做 3~4 次打腿，划臂 1 次。

 　当打腿使身体位置稳定后，做 1 次划臂动作，这样的练习便于控制身体位置，可以提高每次划水的效果。

7. 打 1 次腿、划 1 次蝶泳臂、蹬 1 次蛙泳腿

初学蝶泳的人，一般会在打腿、划水配合一次后出现身体位置改变，这时蹬一次蛙泳腿，可以及时调整身体位置，从而为下一个动作做好准备。

8. 蹬两次蛙泳腿、划一次蝶泳臂、换一次气

初学蝶泳时，很多人会因打腿不足而造成臂出水困难，通过蹬

两次蛙泳腿、划一次蝶泳臂、换一次气的练习可使手臂及时提出水面，解决前摆困难。

9. 蝶泳完整技术配合动作练习

逐步增长练习距离，在反复游中改进和巩固技术动作。

二、蝶泳完整配合的易犯错误与纠正方法

1. 打腿时有停顿

错误原因：打腿用力顺序掌握得不好。

纠正方法：应该多做陆上配合模仿练习。

水中应强调伸打腿（手前伸时打 1 次腿）、划打腿（推水时打 1 次腿）的手腿配合节奏。

2. 手臂出水困难

错误原因：上肢力量不足，划水、推水力量速度不够和推水动作不完整。

纠正方法：应增强上肢力量和划水、推水时的速度。

3. 腿部过深，造成打腿困难，身体下沉

错误原因：没有完全掌握正确的打腿技术。应该是两脚在向下打水时接近水面再向下打腿。

纠正方法：应加强身体素质练习，特别是腹背肌力量练习，多做打腿模仿练习。

4. 划水路线短

错误原因：手臂入水点较近，推水时手臂未完全伸直。

纠正方法：应注意手臂尽量前伸，划水后用拇指触及大腿后再移臂。

5. 吸气困难

错误原因：推水时头未向前上伸抬或推水力量不足。

纠正方法：应加速推水，推水时应有意识地向前伸抬下颌，使嘴露出水面，同时加强第 2 次打腿的力量。

6. 动作不连贯

错误原因：技术概念、用力节奏不清。

纠正方法：应强化正确的技术概念，注重伸手打腿和划手打腿的用力节奏。

7. 身体起伏过大

错误原因：手臂入水后下潜太深，划推水时向下后用力。

纠正方法：两臂入水后应尽量前平伸，划水时应向后划推。

学习窍门分享

应在完全掌握手、腿技术动作后，再进行完整的配合技术练习。因蝶泳在四种泳姿中是学习难度最大的，一般在掌握前三种泳姿后，再学习。蝶泳动作对称、用力结构自然、力量协调能力较强。应先陆上模仿练习，后进行水中练习，采用陆上为辅，水中为主的练习方法。水中练习时建议采用先腿、后臂、再配合的顺序。

第三部分

出发、转身和救援

第 9 章
出发技术

出发技术包括

摆臂式出发、绕环摆臂式出发、抓台式出发、蹲踞式出发和团身式出发等。常用的是摆臂式出发和抓台式出发，出发动作中还需要注意入水的姿态。

1. 摆臂式出发

两脚平行站在出发台上，身体前倾，两腿弯曲，两脚与肩同宽，脚趾紧扣出发台的前沿，两臂自然下垂，目视前下方。

出发时身体前倾，同时两臂加速向后下做小幅摆动，然后向前摆出。

 摆臂式出发手臂快速前摆加大了蹬腿时向前的惯性，加快了蹬离出发台的速度，动作难度较小，适合初学者学习和使用。

2. 抓台式出发

两脚与肩同宽，两脚趾扣紧出发台前沿，颈部放松，目视下方，两臂自然放松下垂，两手抓握出发台的两侧或前缘。当听到出发信号时，两臂迅速屈臂向上提拉，头和上体尽量贴近大腿，重心前移，身体前倾。起跳时要借助身体前冲的力量获得较大的初速度。

小贴士　　抓台式出发的优点是预备姿势较稳定、离台早、入水快、能产生较大的初速度，腾空时间短。

3. 入水形式

（1）洞式入水：出发离台后，身体从手臂、头、躯干、腿依次在一个点上入水，也称为点式入水。出发后身体腾空时做屈髋折体动作，使臀部处于腾空阶段的最高点。身体下落时，身体呈流线形。

小贴士　　洞式入水最大的优点是起跳腾空点高，入水时身体阻力面小，势能大，滑行速度快、距离远。

（2）平式入水：腾空阶段身体平展，躯干入水角小，入水时身体与水面接触面大。水下滑行较浅，出水早、与加速游衔接较好。

学习窍门分享　　双腿蹬离出发台后，应伸直并拢，双臂应伸直夹紧头，按照手、躯干、腿的顺序依次入水。初学者练习时，陆上可先采用纵跳练习。入水练习时，强调出发入水的角度，控制好力量的大小及身体的位置，入水前身体应绷直，避免身体入水时拍水。

第 10 章
触壁转身

1. 滑行游近

手指接近泳池壁时，保持滑行状态向前游进。

2. 触壁收腿

当手指触及到泳池壁的时候，减速，同时弯曲手臂，全手掌触壁，头部贴近泳池壁。弯曲手臂的同时双腿团紧，大腿尽量贴近身体。

3. 180 度转身

双手推泳池壁，使身体成
180 度转向。转身过后，双脚朝
向泳池壁方向。

4. 蹬离池壁

转身完成后，双臂向前伸直，夹紧头部，双脚用地蹬蹬泳池壁，使身体加速出发。

第11章
滚翻转身

滚翻转身

　　游自由泳时除了采用触壁转身，还可以使用滚翻转身。滚翻转身是一种既快速、省力，又敏捷省时的转身方法，在观看国内外大型游泳比赛时常可以看到。

　　滚翻转身的动作可以分解为：游近池壁、转身、蹬离池壁、滑行和出水5个部分。

第1节　滚翻转身的动作分解

1. 游近池壁

　　距离池壁 1.7~2 米的时候，开始做最后一次划水动作，将一只手臂停留在髋关节一侧，另一侧手臂完成划水的同时，低头向下潜，身体开始向前翻滚。

2. 转身

　　低头翻滚的同时，两腿应有意识地打一次海豚腿，以加速翻滚的力量，并辅助髋部上升。在打完海豚腿的同时，及时收腹团身，两腿在空中甩向池壁。当两脚接近池壁时，头部向上到达两臂之间，双手位于头上，肘关节弯曲，以便在脚触及池壁时使身体做好蹬离的准备。

3. 蹬离池壁

翻滚完成后，双脚触壁的位置约在水面下 30~40 厘米处。脚触及池壁时立即蹬伸，蹬离池壁时身体已转为侧卧状态，双腿形成交叉。上面的腿向下转动，可以协助身体转为俯卧姿势。

4. 滑行

脚蹬离池壁后要完成一段滑行，直到身体滑行速度下降到接近游速时，通过 2~4 次自由泳打腿和一次划臂动作使头部上升到水面上。滑行时也可在水下做连续的海豚打腿动作。滑行时身体要保持较好的流线形，两臂充分前伸，头夹在两臂中间，腰背挺直，双腿、双臂伸展并拢。

5. 出水

滑行结束后第一次划水动作应使身体升到水面，这次划水动作的时机一定要控制好，划水过半时，头部应正好露出水面。

第2节 滚翻转身的练习方法

1. 陆上练习

可在垫上做前滚翻练习，体会低头前团身的感觉。

2. 水中练习

● 以水线为轴做前滚翻练习。

● 蹬边滑行，两臂划水至体侧做低头、收腹提臀，向前滚翻练习。

● 游进中做前滚翻练习。

● 完整的前滚翻练习。在上述练习进行得比较顺利后，可游近池壁做完整的滚翻练习。也要根据自身的游速和身高来决定，一般离池壁 1.5 米左右进行滚翻动作。

第3节 滚翻转身的易犯错误及纠正方法

1. 滚翻时翻不过来

错误原因：低头、提臀、团身不够。

纠正方法：

● 低头、提臀、团身的动作要快，头、胸尽量靠近大腿；

● 多做一些原地和游进中的翻滚练习，体会翻滚时身体在水中的位置。

 翻滚的速度是由头部的运动来控制的，翻滚的同时应尽快将头向下、向后和向上转动，使头部在蹬离前位于两臂之间。

2. 翻滚后脚蹬不着池壁

错误原因：翻滚不是前滚翻或翻滚前离池壁太远。

纠正方法：及时调整翻滚的方向和距离。

3. 滚翻后出水早

错误原因：呛水。

纠正方法：在滚翻前深吸一口气，当滚翻使面部向后、向上时，用鼻往外慢呼气，避免因鼻孔向上引起倒灌而呛水。

 如果练习中经常发现出水过早，应在加速打腿的同时使手臂和头部保持平直。

4. 呛水

错误原因：翻滚身体前没有吸气。

纠正方法：翻滚身体前先吸一口气，当低头翻滚时，有意识地用鼻向外呼气，翻滚完成后停止呼气。

5. 滑行距离近

错误原因：蹬离的方向有向上或向下的角度；滑行中身体放松。

纠正方法：

● 脚蹬离池壁时应用较大的力量，可以增大蹬离时的动量。

● 蹬离的方向为正前方，身体要平直，不应有向上或向下的角度，才能在蹬离时不会造成身体位置过深或浅。

● 手和头部的方向感一定要强，练习时应多体会。

● 滑行时切记身体要保持一定的紧张度，一旦身体放松将会大大减弱蹬离池壁的速度。

> **小贴士**　滑行的方向要控制得当，太浅或太深都会影响下一个动作的连贯性。

> **学习窍门分享**　转身技术直接关系到运动员水平的发挥和名次的排定，是比赛中的重要决定因素。明确滚翻转身的技术概念。陆上练习是建立感知的首选，水中练习是重点。可采用由简到繁、由易到难、由分解到组合的手段来进行。练习过程中应及时纠错。

第12章
溺水施救方法

准备课

对于溺水人员进行施救的原则是：先力求间接施救，不能间接施救或无法间接施救时，才游近溺水者进行施救。间接施救时可采用救生圈、救生竿、抛绳等方法，游泳靠近溺水者施救可以采用本部分内容介绍的方法。

第1节 溺水者处于昏迷状态的救援

1. 溺水者漂浮在水面上，施救者从后方救援

从溺水者身体后方靠近，游至离溺水者1米处停住，双手扶在溺水者的腰部。

基本固定住溺水者后，左臂上移，在溺水者肩部位置单臂环抱，夹住溺水者，右手抓住溺水者右手的手腕，右臂上扬过头顶。

完全将自己与溺水者固定后，以类似仰泳的姿势将溺水者带回岸边。

2. 溺水者漂浮在水面上，施救者面对溺水者救援

　　游至离溺水者约 3 米处，下潜至溺水者髋部以下。

　　双手扶溺水者髋部，将其转体 180°，托着溺水者上浮。

　　一侧手臂上移，在溺水者肩部位置单臂环抱，夹住溺水者，另一侧手抓住溺水者的手腕上扬过头顶。

　　完全将自己与溺水者固定后，以类似仰泳的姿势将溺水者带回岸边。

3. 溺水者沉至水底的救援

游至溺水者附近，下潜至溺水者身后。

双手扶在溺水者的腋下。

基本固定住溺水者后，一侧手臂上移，在溺水者肩部位置单臂环抱，夹住溺水者，另一侧手抓住溺水者的手腕，手臂上扬过头顶。

完全将自己与溺水者固定后，以类似仰泳的姿势将溺水者带回岸边。

第2节 溺水者处于清醒状态的救援

 准备课

什么是施救者的解脱

施救者因接近失误或在混沌水域中寻找溺水者时，被溺水者抓住或抱住后解除溺水者的抓、抱，进而有效控制溺水者的方法。

1. 施救者单手被溺水者抓住，单手可挣脱状态下的救援

①

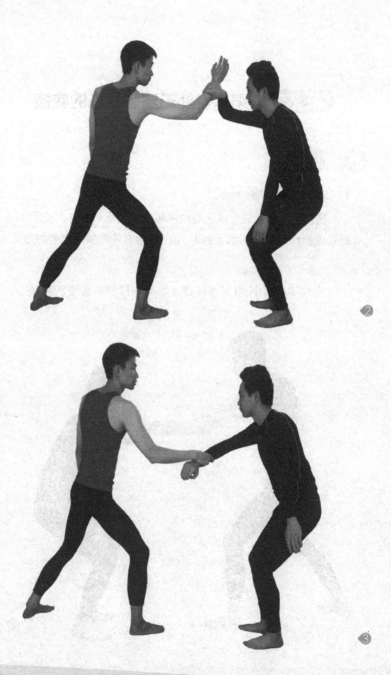

当施救者单手被溺水者抓住时，单手翻转能摆脱溺水者的控制，可以采用转腕法。

施救者可将被抓的手上提、转腕、外翻、下压的一系列动作进行解脱，并及时握住溺水者的手腕，使溺水者背贴救生前胸，夹胸控制之。

 救人时首先要确保自身安全。

2. 施救者单手被溺水者抓住，单手无法挣脱状态下的救援

当溺水者一手死死抓住施救者一只手的手腕时，施救者需要用另一只手先推开溺水者抓握的手臂，再施救。

施救者可用没有被抓住的手撞击（并掌控）溺水者抓紧自己的手的手腕部，解脱后，及时把溺水者翻转成背贴自己前胸的状态，夹胸控制之。

3. 施救者双手被溺水者抓住状态下的救援

施救者双手推击、翻腕，并趁势将溺水者转体 180°，夹胸控制之。

4. 施救者被溺水者从身后抱住时的救援

施救者下沉，双手上推溺水者双肘的同时，头部下抽解脱。趁势将溺水者转至背贴自己胸前的状态，夹胸控制。

此方法适用于溺水者尚未能紧抱住施救者时，施救行动时要快，否则施救有风险。

5. 施救者被溺水者锁住脖子时的救援

施救者内收下颌，保护气管防止被卡。

一手紧压溺水者一侧手腕，另一手上推溺水者肘关节，同时头部侧收，解脱并及时采用夹胸控制。

❶   ❷

6. 施救者被溺水者正面抱住时的救援

施救者一手紧抱溺水者后腰，另一手的食指和中指紧夹溺水者鼻子，用掌心蒙住溺水者的嘴，用掌根托住溺水者的下颌，用力向前上方推出，迫使溺水者头后仰，直至放开抱持的双手。趁势及时将溺水者转体180°，夹胸控制。

 要控制推转溺水者头时的力量，用力过大可能造成溺水者颈部受伤。

①

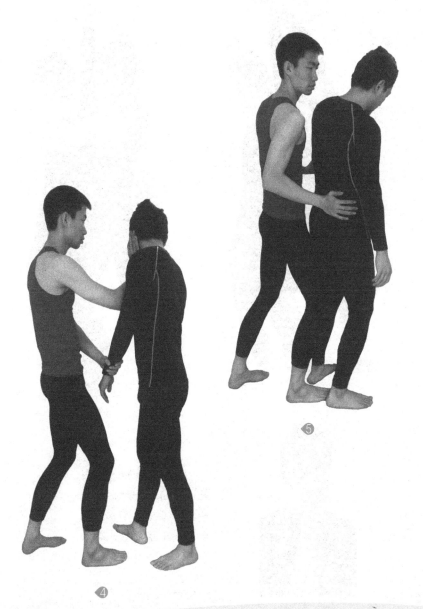

⑥

⑦

施救者在救援时首先确保自身安全，用食指和中指夹住溺水者的鼻子，手掌推溺水者的下巴。

7. 施救者被溺水者迎面抓住头发时的救援

施救者一手紧压溺水者抓住自己头发的手的手背，另一手向手背方向扳拉溺水者抓住头发手的手指。

同时施救者的头部随扳拉手指的方向倾斜，以加强扳拉手指、翻腕的解脱效果，及时夹胸控制。

第3节 救援后将溺水者带上岸的方法

1. 拖带方法

被拖的溺水者鼻和嘴都必须露出水面；拖带前溺水者身体应呈水平，夹胸拖带时应防止被拖者喉部被压，利用救生设备进行拖带。

施救过程中最常用的方法是夹胸拖带。以左臂为例，救生员左臂由溺水者左肩上穿过，臂、肘紧贴溺水者胸部，左腋贴左肩，左手抄溺水者右腋下，左髋顶住溺水者腰背部，使溺水者尽量保持水平位置。

2. 上岸方法

夹带溺水者游到岸边后，施救者先上岸，再将溺水者提拉拖拽上岸。

④

⑤

⑫

3. 现场急救

溺水后如得不到及时救援，溺水者就容易出现窒息，进而导致心跳停止。心跳停止超过 7 分钟，自主心跳难以恢复。现场急救是游泳场所及时采用的人工救助方法，为溺水者争取有效的复苏时间，排除险情，也是转送医院进一步抢救和护理的重要手段。

（1）口对口人工呼吸法。此方法通气量大，是抢救溺水者最基本、最直接、最有效的方法：使溺水者仰卧，救生者站（跪）在其颈肩部一侧。一手扶溺水者额部，另一手食指、中指、无名指托起溺水者下颌部，使其头部后仰，顺通呼吸道。再打开溺水者的嘴，一手捏鼻，另一手食指、中指、无名指扶下颌骨处。口对溺水者的口（全部封闭，不可漏气）吹气。见溺水者上胸部隆起扩张即可。成人每分钟18次，儿童每分钟20次，注意保持节奏。

（2）举臂压胸人工呼吸法。将溺水者仰卧，救生员在溺水者头前，双手各握溺水者同侧手的小臂，最大幅度地向后牵拉，使溺水者胸腔尽量扩展，人工建立吸气形式，然后将两臂回放，使两小臂交叉重叠于溺水者自己胸前，稍用力下压，人工建立溺水者呼气形式。

（3）俯卧推压人工呼吸法。使溺水者俯卧，一臂前伸，头侧转并注意呼吸道要通畅，另一手臂放于体侧，在其鼻孔内插入氧气管。救生者两腿叉开，骑跪于溺水者大腿两侧，张开双手，用小指放在溺水者最下面一根肋骨下，两手对称放在溺水者背部脊柱两侧，伸直两臂，借助于上身前压的力量，两手向前下方用力压溺水者的背部胸廓，迫使溺水者呼气。随后回到原位，形成溺水者被动吸气的过程。施救时两手推压不能用力太猛，推压后手不离开溺水者的背部，反复进行，节奏同口对口人工呼吸。

（4）胸外心脏按压法。心肺复苏法（即CPR）。如溺水者的呼吸和心跳已完全停止，单一采用人工呼吸方法无法恢复自主心跳，必须在人工呼吸的同时，施行胸外心脏按压：将溺水者仰卧，救生员站（跪）在溺水者的右侧，以右手食指、中指放于胸骨与肋骨汇集处，左手掌根压在溺水者胸骨部位下端三分之一处，右手掌根压在左手手背上，双手五指交叉，将左手手指提起，两臂垂直伸直向下按压，使溺水者胸骨下端下陷约4厘米。两手松压回收，但掌根不离位，不断重复，成人每分钟80次，儿童每分钟100次。胸外心脏按压检测方法：手摸颈动脉看有否搏动；用血压计测量血压是否在60毫米汞柱以上。

①　单人施救。操作时胸外按压心脏 15 次，口对口吹气 2 次，每次吹气 1~2 秒反复进行，简称 15-2 操作法。

②　双人施救。胸外按压心脏 5 次，口对口吹气 1 次为一个周期（组），反复进行。每做 10 组、间歇 5 秒检测一次心跳情况，简称 5-1 心肺复苏法。如心跳仍未恢复，则继续施救，两人可交替进行，要注意保持节律。